Les anges d'Alfie

Alfie's Angels

In memory of Alfons,
who taught me about angels. H.B.

For Mum, Dad and Daniel,
for your support and encouragement. S.G.

First published 2003 by Mantra
5 Alexandra Grove, London N12 8NU
www.mantralingua.com

Text copyright © 2003 Henriette Barkow
Illustrations copyright © 2003 Sarah Garson

British Library Cataloguing in Publication Data:
a catalogue record for this book is available
from the British Library.

Les anges d'Alfie

Alfie's Angels

French translation by Gwennola Orio-Glaunec

mantra

Alfie voulait être un ange.
Il les avait vus dans ses livres.

Alfie wanted to be an angel.
He'd seen them in his books.

Il les avait vus dans ses rêves.

He'd seen them in his dreams.

Les anges ont des ailes et les anges peuvent voler.
Alfie voulait des ailes pour pouvoir voler et arriver
à l'école à l'heure.

Angels have wings and angels can fly.
Alfie wanted wings so he could fly to
school on time.

Les anges peuvent danser et chanter avec des voix merveilleuses.
Alfie voulait chanter pour être dans la chorale.

Angels can dance, and sing in beautiful voices.
Alfie wanted to sing so that he could be in the choir.

Les anges peuvent se déplacer plus vite que les yeux peuvent voir.

Angels can move faster than the eye can see.

Alfie voulait se déplacer plus vite pour pouvoir marquer plus de buts.

Alfie wanted to move faster so that he could score more goals.

Les anges ont toutes les formes…

Angels come in all shapes...

…et toutes les tailles,

...and sizes,

et ils peuvent faire des choses extraordinaires.

and they can do the most amazing things.

Alfie voulait être un ange.

Alfie wanted to be an angel.

Il les avait vus dans ses livres.
Il les avait vus dans ses rêves.

He'd seen them in his books.
He'd seen them in his dreams.

Maintenant les enfants peuvent être des anges
une fois par an.
Les maîtres d'école les choisissent.
Les parents les habillent.
Toute l'école les regarde.

Now once a year children can be angels.
The teachers choose them.
The parents dress them.
The whole school watches them.

La maîtresse d'Alfie choisit toujours les filles.

Alfie's teacher always chose the girls.

Les plus jolies petites filles. Les petites filles avec les plus longs cheveux.
Les petites filles avec les plus grands yeux et le plus doux sourire.

The prettiest girls. The girls with the longest hair.
The girls with the biggest eyes and the sweetest smiles.

Mais Alfie voulait être un ange.
Il les avait vus dans ses livres.
Il les avait vus dans ses rêves.

But Alfie wanted to be an angel.
He'd seen them in his books.
He'd seen them in his dreams.

Quand la maîtresse demanda : " Qui veut être un ange ? " Alfie leva la main.

When the teacher asked, "Who wants to be an angel?" Alfie put up his hand.

Les filles rirent. Les garçons ricanèrent.

The girls laughed. The boys sniggered.

La maîtresse le regarda fixement. La maîtresse réfléchit et dit : " Alfie veut être un ange ? Mais seules les petites filles sont des anges. "

The teacher stared. The teacher thought and said, "Alfie wants to be an angel? But only girls are angels."

Alfie hocha lentement la tête,
et il raconta tout sur les anges à sa maîtresse.

Alfie slowly shook his head,
and he told his teacher all about the angels.

Comment il les avait vus dans ses livres.
Comment il les avait vus dans ses rêves.

How he'd seen them in his books.
How he'd seen them in his dreams.

Et plus Alfie parlait, plus toute la classe écoutait.

And the more Alfie spoke,
the more the whole class listened.

Personne ne riait et personne ne ricanait, parce qu'Alfie voulait être un ange.

Nobody laughed and nobody sniggered, because Alfie wanted to be an angel.

C'était maintenant le moment de l'année où les enfants pouvaient être des anges.
Les maîtres d'école leur apprirent. Les parents les habillèrent.
Toute l'école regarda pendant qu'ils chantaient et qu'ils dansaient.

Now it was that time of year
when children could be angels.
The teachers taught them.
The parents dressed them.
The whole school watched
them while they sang
and danced.

Alfie était un ange !

Alfie was an angel!